Seu Filho e a Astrologia

VIRGEM

Maite Colom

Seu Filho e a Astrologia
VIRGEM

Tradução
Claudia Gerpe Duarte
Eduardo Gerpe Duarte

Editora Pensamento
SÃO PAULO

Título original: *Tú y Tu Pequeño Virgo*.
Copyright © 2012 Atelier de Revistas/Maite Colom. www.ateliermujer.com.
Direitos de tradução mediante acordo com Zarana Agencia Literaria.
Copyright das ilustrações © Thinkstock.
Copyright da edição brasileira © 2016 Editora Pensamento-Cultrix Ltda.
Texto de acordo com as novas regras ortográficas da língua portuguesa.
1ª edição 2016.

Todos os direitos reservados. Nenhuma parte deste livro pode ser reproduzida ou usada de qualquer forma ou por qualquer meio, eletrônico ou mecânico, inclusive fotocópias, gravações ou sistema de armazenamento em banco de dados, sem permissão por escrito, exceto nos casos de trechos curtos citados em resenhas críticas ou artigos de revista.

A Editora Pensamento não se responsabiliza por eventuais mudanças ocorridas nos endereços convencionais ou eletrônicos citados neste livro.

Editor: Adilson Silva Ramachandra
Editora de texto: Denise de Carvalho Rocha
Gerente editorial: Roseli de S. Ferraz
Preparação de originais: Marta Almeida de Sá
Produção editorial: Indiara Faria Kayo
Assistente de produção editorial: Brenda Narciso
Editoração eletrônica: Join Bureau
Revisão: Vivian Miwa Matsushita

Dados Internacionais de Catalogação na Publicação (CIP)
(Câmara Brasileira do Livro, SP, Brasil)

Colom, Maite
   Seu filho e a astrologia: virgem / Maite Colom; tradução Claudia Gerpe Duarte, Eduardo Gerpe Duarte. – São Paulo: Pensamento, 2016.

   Título original: Tú y tu pequeño virgo.
   ISBN 978-85-315-1931-4

   1. Astrologia 2. Astrologia esotérica 3. Horóscopos 4. Zodíaco I. Título.

16-01105   CDD-133.52

Índice para catálogo sistemático:
1. Signos do Zodíaco: Astrologia   133.52

Direitos de tradução para o Brasil adquiridos com exclusividade pela
EDITORA PENSAMENTO-CULTRIX LTDA., que se reserva a
propriedade literária desta tradução.
Rua Dr. Mário Vicente, 368 – 04270-000 – São Paulo – SP
Fone: (11) 2066-9000 – Fax: (11) 2066-9008
http://www.editorapensamento.com.br
E-mail: atendimento@editorapensamento.com.br
Foi feito o depósito legal.

Sumário

Como é o seu filho virginiano? 7

Conheça melhor o seu virginiano 11
    Seu caráter 15
    Sua aparência...................................... 17
    Ele gosta de andar na moda?..................... 17
    Como ele é na sala de aula?..................... 18
    O que ele gosta de comer? 18
    Esportes e *hobbies*................................ 19
    Seu futuro profissional 20

Como você se relaciona com o
seu filho virginiano 21
    Se você é de Áries................................. 22
    Se você é de Touro 24

Se você é de Gêmeos	26
Se você é de Câncer	28
Se você é de Leão	30
Se você é de Virgem	32
Se você é de Libra.................................	34
Se você é de Escorpião	36
Se você é de Sagitário	38
Se você é de Capricórnio	40
Se você é de Aquário.............................	42
Se você é de Peixes................................	44

Como é o seu filho virginiano de acordo com o horóscopo chinês 47

Se o seu virginiano é de Rato.....................	49
Se o seu virginiano é de Boi	53
Se o seu virginiano é de Tigre	57
Se o seu virginiano é de Coelho	61
Se o seu virginiano é de Dragão	65
Se o seu virginiano é de Serpente................	69
Se o seu virginiano é de Cavalo	73
Se o seu virginiano é de Cabra	77
Se o seu virginiano é de Macaco	81
Se o seu virginiano é de Galo	85
Se o seu virginiano é de Cão	89
Se o seu virginiano é de Javali	93

Como é o seu filho virginiano

♍

É uma criança de aparência tranquila e pacífica, mas de repente ela pode explodir em uma crise de choro ou fazer um grande escândalo. Ela é muito inquieta, e é um pouco difícil conseguir acalmá-la. Isso acontece porque ela é muito exigente, e qualquer pequeno detalhe que você não perceba ou qualquer mínima mudança na ordem particular pode levá-la a ter uma explosão. Ela tem reflexos rápidos e é muito atenta e alerta. Desde bem pequena, já encerra certa dose de prudência e sabedoria, de modo que não será amiga dos desafios e de situações pouco familiares. Ela irá conhecendo e apalpando pouco a pouco o terreno.

É uma criança muito perspicaz, sensível, ativa e um tanto tímida e apegada à mãe. Necessita de rotinas e horários fixos, já que não tolera bem as mudanças. Ela será muito cuidadosa e organizada com os seus brinquedos, os quais terá um pouco de dificuldade em compartilhar, mas acabará consentindo de bom grado, embora sem perdê-los de vista. Apesar de parecer autossuficiente, ela precisa de tanto ou mais carinho que as outras crianças.

Os quebra-cabeças e os brinquedos de armar e desarmar potencializam a sua parte lógica e analítica.

Desde muito pequena, ela demonstrará uma grande meticulosidade ao fazer as coisas. Será bastante escrupulosa com a comida, e os alimentos que não lhe agradam poderão ir parar no chão ou na parede. Costuma falar muito rápido e tende a imitar tudo, o que a torna uma criança extremamente graciosa. Ela se interessará pelos livros antes de qualquer outra criança.

Conheça melhor o seu virginiano

♍

É um excelente organizador, é analítico, muito inteligente e seletivo, embora possa ser extremamente caótico. Ele sente a necessidade de ser útil, e por isso parece muito maduro e sensato para a idade. Quando tudo está ao seu gosto, ele é imensamente feliz, mas nunca está realmente satisfeito com nada, e uma grande bagunça pode se estabelecer. Está sempre disposto a ajudar. É desconfiado e coloca tudo à prova. Tem a mente rápida e entrega os deveres impecavelmente, quando tem vontade, é claro, porque não suporta imposições que considere injustas (os virginianos têm um senso particular de justiça).

É esforçado e versátil. Nasce com uma "caixa de ferramentas" que utiliza adequadamente para cada ocasião, tem um guia interior muito prático que lhe diz o que deve ou não deve fazer e de que maneira, não importa o que digam os outros. Sabe falar bem e é muito sensato; tem a mente ativa. É prático e analítico, pode detectar qualquer falha a quilômetros de distância e uma mancha na calça de um amigo, mesmo que este esteja a vinte metros dele. A alimentação e a saúde são fundamentais na sua vida, e quando fica nervoso ou estressado o seu sistema digestivo pode sofrer alterações.

A sua excessiva atenção aos detalhes o impede de ver o conjunto, e com frequência ele deixa de enxergar o lado divertido das coisas. A saúde, o meio ambiente, a ecologia, o entorno onde se desenvolve são importantes e o afetam muito. Normalmente, ele tem controle sobre tudo, é muito metódico, pensativo, e dá muitas voltas nas coisas porque tem um grande senso crítico; além do mais, é uma pessoa muito lúcida e sabe enxergar seus defeitos. Não acredita no que vislumbra à primeira vista e sabe ir mais além. No fundo, é utópico e idealista.

Seu caráter

Gosta: de ter cada coisa no seu lugar ou procurar fazer com que nada lhe escape das mãos. Interessa-se pela saúde, pelos remédios da avó, pelo que é prático e natural e, principalmente, deseja que todos aqueles que ele ama estejam bem. Gosta de se sentir útil e de fazer listas.

Não gosta: de manchas, de sujeira (tanto física quanto psíquica), de bagunça e desordem, dos que hesitam ou são preguiçosos.

Aspectos negativos: dispersão, pouca capacidade de concentração, é muito crítico em relação aos demais, autoritarismo, é muito exigente, egocentrismo.

Contrastes: reservado, porém simpático; pessimista, porém prático e decidido.

Cores: bege, areia, azul-claro e os tons pastel em geral.

Animais com os quais se identifica: formiga, esquilo, gato, tartaruga.

Pedras: topázio, jaspe, quartzo, safira.

Planeta: Mercúrio.

Sua aparência

Olhos brilhantes que emanam uma expressiva tranquilidade, porém vivos, escuros e faiscantes, normalmente amendoados. Testa acentuada e alta. Nariz reto, bem proporcional, que quase não se destaca. Boca pequena e lábios cerrados e finos. Cabelo liso, um pouco rebelde quando cresce. Pele morena. Estatura mediana. Corpo esbelto, forte, sempre bem proporcionado. Atraente, com membros bem proporcionais ao corpo, ainda que às vezes pareça ter um andar cambaleante.

Ele gosta de andar na moda?

Gosta de andar sempre impecavelmente vestido, com a roupa sem nenhuma ruga, mancha ou sinal… Ele se veste de uma maneira discreta, porém tem um *glamour* inato. Não comprará normalmente nada que esteja na última moda por não ser muito gastador e não dar importância a certas coisas. Procura apenas não destoar. No entanto, de vez em quando, ele surpreende com um toque colorido ou um detalhe original. Os tons que mais o favorecem ou que ele mais usa são os escuros, os ocres e os terrosos com toques de tonalidades mais fortes, porém sem exagero.

Como ele é na sala de aula?

O dever o absorve quando ele trabalha em algo que realmente lhe agrada e o atrai. É minucioso e atento aos detalhes. Com frequência, em virtude de seu grande detalhismo, o importante lhe escapa. Sabe protestar e defender o seu ponto de vista. Costuma não gostar dos maus professores. No entanto é responsável e eficiente, procura apresentar bem os deveres, é metódico e paciente e costuma conquistar as pessoas com o tempo. Quando gosta de uma coisa, suporta tudo. Quando não gosta, foge.

O que ele gosta de comer?

O virginiano é um pouco delicado com a comida. Precisa comer pratos saudáveis, não muito pesados. Não come em excesso, mas costuma beliscar, e necessita de um ambiente limpo e que a toalha não esteja amassada, porque isso lhe dá nos nervos! Sabe naturalmente o que lhe convém ou não, é sábio por natureza e parece conhecer os componentes de tudo o que come. Gosta de pratos com poucos condimentos ou molhos diferentes: saladas, hortaliças, sopas, batata, bife à milanesa, iogurte, massas...

Esportes e hobbies

Não gosta muito dos esportes em equipe e, na verdade, de nenhum esporte em geral; não aprecia as competições e nem as lutas. Se lhe der na cabeça, pode praticar regularmente um esporte para se sentir saudável e para relaxar. E prefere ir acompanhado. Os seus esportes favoritos podem ser: natação, ginástica com aparelhos, corrida, golfe, *yoga*, *tai chi*, caminhada. Os seus *hobbies*: bater papo, colecionar coisas, fazer maquetes, música, leitura, trabalhos manuais. Tudo o que exige atenção aos detalhes o acalma e atrai. Também tem tendência a organizar tudo. Ele gosta dos jogos educativos e de jogar *video games*.

Seu futuro profissional

As profissões mais adequadas para o virginiano são: cientista, pesquisador, administrador, contador, assistente social, médico, escritor, historiador, professor e enfermeiro. Muitos virginianos são dentistas, farmacêuticos, químicos, bacteriologistas, assistentes sociais, bibliotecários, nutricionistas, inspetores, estadistas e veterinários. Os nascidos sob o signo de Virgem se dão bem em qualquer profissão relacionada com a saúde e a higiene, bem como com aquelas que lhe permitem analisar, ensinar e ser metódico.

Como você se relaciona com o seu filho virginiano

Se você é de Áries

Você é extremamente dinâmica, forte e resistente, generosa e, às vezes, hiperativa. Parece que exige muito do seu filho, não tem medo das queixas ou faniquitos dele e só deseja o melhor para ele. Você tem muita energia, nunca se cansa de repetir várias vezes as mesmas coisas. Defende intensamente o seu filho e sabe resolver com doses de realismo os pequenos problemas dele. Você tem grandes expectativas e, às vezes, é difícil de agradar. Você é uma mãe dedicada, disposta a tudo para que o seu filho se sinta bem. Porém, acima de tudo, você incentiva o seu filho a ser independente, a não precisar de ninguém.

Você o ensina naturalmente a ser autossuficiente, independente, batalhador e ao mesmo tempo responsável.

Um filho virginiano tem a capacidade de criticar, enxergar erros e falhas em toda parte, e isso pode tirar você do sério de vez em quando. É uma criança analítica, que leva tempo refletindo sobre as coisas e precisa do seu próprio ritmo, de ordem e método. Por isso, não tente apressá-la e nem enchê-la de atividades. Na verdade, ela precisa de uma rotina diária para se sentir segura, algo que você não terá dificuldade em lhe proporcionar.

Combinação Fogo/Terra:

Pode haver muito atrito nesta combinação porque vocês são muito diferentes, embora se amem infinitamente. A mãe do elemento Fogo tentará dominar os seus frequentes ataques de "pressa" e de que "tudo tem que ser para agora". Ela ensinará o filho a confiar em si mesmo, porém precisará conceder a ele o tempo de que ele necessita.

Se você é de Touro

Você é disciplinada, cuidadosa e tranquila, econômica, e está sempre pensando no dia de amanhã. Nunca faltará nada na sua casa, nem para o seu filho nem para os amigos dele. Você talvez seja um pouco possessiva e excessivamente protetora com relação a ele, e é difícil fazê-la mudar de opinião. Você se importa muito com a educação do seu filho e pode pressioná-lo em excesso. Além disso, você é persistente, a sua paciência é infinita, à prova de bombas e chiliques. A sua casa precisa estar arrumada e o quarto do seu filho também, senão o seu mau humor se fará presente. Você defende os seus contra tudo e todos.

Você ensina naturalmente ao seu filho valores como a perseverança, a paciência, o amor pelos animais e pela natureza, e o ensina a valorizar as pequenas coisas da vida.

Você certamente ficará encantada com o seu organizado e sensato filho virginiano, embora ele tenha a tendência de criticar tudo e costume colocar em questão tudo o que você diz, o que às vezes a deixará furiosa. No entanto, o seu filho sabe que pode confiar em você e dará demonstrações disso. Você tem uma paciência infinita para responder a milhões de perguntas que ele faz. É uma criança inquieta, e você deve proporcionar a ela atividades variadas para que ela não se aborreça ou se isole.

Combinação Terra/Terra:

Vocês se entendem perfeitamente bem, têm sentimentos parecidos, com frequência gostam das mesmas coisas e a afinidade entre ambos é total, apesar de pequenos obstáculos como, por exemplo, o fato de nenhum dos dois gostar de dar o braço a torcer e de não mudarem de opinião facilmente.

Se você é de Gêmeos

Você é divertida, falante, inquieta e agitada. Você é sociável e gosta muito de ficar ao telefone e de falar sobre qualquer assunto com o seu filho, esteja ele onde estiver. Você gosta de rir e dará boas risadas com as brincadeiras do seu filho, e é provável que se junte a elas. Adora sair para fazer compras com o seu filho, e para ele você é uma mãe bastante *fashion*. Parece que você o deixa fazer tudo, mas você tem um código de ética muito rígido, de acordo com o qual há coisas que você não aceita com facilidade. Por sorte, o seu filho pode falar com você a respeito de tudo, a qualquer hora, o que alimenta a confiança entre vocês.

Você ensina naturalmente o seu filho a se comunicar, a saber se impor, a negociar, a compartilhar ideias e experiências com todo mundo sem julgar ninguém.

Ambos são agitados e muito comunicativos, porém seu filho pode não seguir seu ritmo, às vezes vertiginoso. Ele é mais reservado, observador, e requer tempo para analisar as coisas e cada um dos detalhes, e isso pode lhe exasperar um pouco. Seu filho necessita de ordem e rotinas, o que lhe dará bastante trabalho, porque ele pode mudar de ideia em seguida. Porém você se adaptará bem ao seu caráter exigente, ainda que a sua meticulosidade possa lhe desesperar.

Combinação Ar/Terra:

Às vezes o elemento Ar pode perder a paciência diante de uma demonstração de lentidão, fixação de ideias, manias e outros escrúpulos do seu filho de Terra. Mas vocês se conhecem bem e, antes de tudo, são unidos por um grande carinho e pela fascinação que sentem um pelo outro.

Se você é de Câncer

Você é a grande mãe do zodíaco. A família é a coisa mais importante para você. É um tanto possessiva e controladora, mas também muito dedicada ao seu filho e a toda a família. Você é como um porto seguro, sempre presente para o que o seu filho possa precisar. Talvez você seja um pouco rígida, impondo muita disciplina, e como, além disso, você tem uma memória prodigiosa, é difícil que deixe escapar as coisas ou que tentem bajulá-la. Mas você pode ter altos e baixos na sua disposição de ânimo, pode passar do bom humor ao mau humor em um piscar de olhos, o que talvez afete o seu filho ou faça com que ele não consiga compreendê-la inteiramente, conforme o signo dele.

Você ensina naturalmente o seu filho a ter sensibilidade, a desenvolver dons artísticos, a gostar de todo mundo da mesma maneira, a ter ambição e a conseguir o que quer sem pisar em ninguém.

O seu prático e sensato filho virginiano é muito agitado e você poderá ter dificuldade para controlá-lo, mas conseguirá fazer isso com facilidade se lhe impuser rotinas e estabilidade, pelo que ele será imensamente grato. Você dará a ele muito afeto, e isso acalmará as inquietudes e preocupações imaginárias dele. Ele tem uma grande tendência a pensar demais e perder tempo com devaneios que não o ajudam em nada. Mas ele não pode perceber sua hesitação, nem mesmo por um instante…

Combinação Água/Terra:

Esta é uma combinação extraordinária e 100% compatível. O elemento Água conseguirá educar bem e com valores sólidos o seu filho de Terra, o qual será aplicado e pouco dado a confrontos. No entanto, se a criança de Terra coloca algo na cabeça, ninguém a faz mudar de ideia, nem mesmo a mãe.

Se você é de Leão

Você é carinhosa, tem paixão pelo seu filho e o cobre de cuidados e atenção. Porém você tem uma personalidade muito forte e é autoritária; espera muito do seu filho e pode ser um pouco opressiva com ele. É exigente e controladora, não deixa passar nada, mas às vezes é muito afetuosa e o defende com unhas e dentes. Você impõe muita ordem e disciplina, mas é generosa. É criativa e certamente tem um *hobby* que vai compartilhar com o seu filho. Além disso, você adora se divertir. Você se cuida muito porque gosta de estar magnífica, e o seu filho assimilará isso, frequentemente disputando o banheiro com você.

Você ensina naturalmente o seu filho a se valorizar, a defender os seus valores e ele próprio, a ser autossuficiente e a estimular e desenvolver a criatividade.

Você sabe proteger o seu filho como ninguém e consegue acalmar o nervosismo natural dele mantendo-o ativo com brincadeiras e atividades intelectuais e criativas, as quais são extremamente necessárias para ele. Além disso, você sabe lhe dar muito amor e carinho, o que ele retribuirá em dobro, porém do jeito dele, que pode ser muito possessivo. Você deve elogiá-lo para elevar a autoestima dele, mas não deve criticá-lo porque ele é muito sensível e pode se retrair.

Combinação Fogo/Terra:

É uma combinação de elementos complicada, na qual cada um terá de aprender a ceder. A mãe do signo de Fogo terá às vezes dificuldade em entender o espírito prático e sossegado do seu filho de Terra. Você gosta de ir muito diretamente ao ponto, algo que o seu filho não tolera muito bem.

Se você é de Virgem

Você é prática, organizada e metódica, embora, às vezes, muito nervosa e excessivamente preocupada com detalhes, o que o seu filho certamente não entende. No que depender de você, nunca faltará nada ao seu filho, porque você é detalhista e observadora. No entanto você não tolerará um mínimo de desordem ou de sujeira. Você é esforçada, não para quieta um instante e não costuma suportar ver o seu filho parado ou divagando. Em virtude de sua tendência para o perfeccionismo, você pode ser bastante crítica com ele. Entretanto, ao mesmo tempo, você se justifica e se responsabiliza por todos os problemas e sente culpa, porque costuma estar sempre receosa de que possa acontecer algo com ele.

Você ensina naturalmente o seu filho a ser organizado, a prestar atenção aos detalhes, a ter bom senso, a desenvolver o amor pela natureza e a se cuidar de uma maneira saudável.

O seu filho se sentirá confortável com rotinas e horários fixos. Ele é organizado por natureza, embora de vez em quando precise de um pouco de desordem, uma coisa que você tolerará apenas de vez em quando. Não seja excessivamente crítica com ele; caso contrário, ele se fechará em si mesmo e em seu mundo. Demonstre todo o seu afeto, mas sem asfixiá-lo, porque ele é um tanto esquivo sentimentalmente.

Combinação Terra/Terra:

Os seus gostos e as suas inclinações frequentemente coincidem, vocês se entendem com um único olhar e, às vezes, telepaticamente, embora o seu filho tenha a tendência de se isolar. Vocês se porão à prova de vez em quando para ver quem gosta mais do outro, ou qual dos dois sabe mais...

Se você é de Libra

Você é refinada e cuidadosa, compreensiva, doce, porém firme. Você pode, às vezes, fazer ameaças verbalmente, mas não costuma pôr em prática os castigos, porque é do tipo que sempre oferece uma segunda oportunidade. Você procura compreender e ajudar em tudo o seu filho, porém muitas vezes você acredita ter razão e se torna inflexível. No entanto você não suporta brigas; prefere chegar a um acordo e fazer as pazes ou negociar. Acima de tudo, você procura a harmonia, quer que seu filho esteja bem cuidado, saiba que é amado e tenha uma esplêndida educação. Também é importante para você que o seu filho ande bem arrumado.

Você ensina naturalmente ao seu filho a arte da diplomacia, lhe ensina a desenvolver um forte sentido de justiça, sociabilidade, elegância, amor pelas artes e pelas ciências.

Você e o seu filho são unidos pela necessidade de paz interior e de estabelecer certa ordem, porém em tudo o mais vocês são muito diferentes e poderão entrar em choque com bastante frequência, embora sintam um grande afeto e devoção um pelo outro. Você consegue acalmar muitas das inseguranças dele com o seu bom senso, porém chega um momento em que você também fica em dúvida e tudo explode.

Combinação Ar/Terra:

Apesar de o Ar e a Terra não serem elementos compatíveis, o caráter peculiar de ambos os signos dará origem a um grande entendimento em determinados assuntos, mas em outros nem tanto. Em uma coisa vocês são parecidos: são maleáveis, flexíveis e sabem negociar tudo.

Se você é de Escorpião

Você é criativa, comunicativa e muito divertida. No entanto, não permite que discutam as suas regras. Nisso, você é muito rígida e rigorosa, embora seja muito generosa e dedicada ao seu filho. Cuida dele e o protege como ninguém, embora tente ensiná-lo a se defender e enfrentar sozinho os problemas que encontrar.

Você é exigente com os estudos dele e não suporta fraquezas. Percebe na hora quando o seu filho está passando por alguma dificuldade e corre para ajudá-lo. Você lhe ensinará muito bem como enfrentar os problemas. Alterna períodos de tranquilidade com outros de irritabilidade, o que seu filho talvez não entenda.

Você ensina naturalmente o seu filho a desenvolver o poder de convicção, ter domínio das emoções, a seguir as próprias regras e a não deixar que pisem nele.

O seu filho é metódico, prático e sensato, e você ficará encantada com ele. Mas ambos são muito críticos e têm a língua bastante afiada, o que pode dar origem a discussões acaloradas que se resolverão com um abraço, porque acima de tudo vocês sentem devoção e lealdade um pelo outro. Ele é emocionalmente mais reservado do que você gostaria; lhe agradaria ver nele mais demonstrações de afeto.

Combinação Água/Terra:

Os dois elementos se entendem, e o que falta a um o outro proporciona. A mãe do elemento Água é muito carinhosa, mas também é rígida, com normas e regras que a criança de Terra acatará sem grandes problemas. Falarão de tudo um com o outro e demonstrarão um grande afeto mútuo.

Se você é de Sagitário

Você é aberta, compreensiva, sincera e íntegra. Talvez um pouco exagerada e distraída, e com tendência a dar muitos conselhos, mas é muito afetuosa e carinhosa. Sempre diz o que pensa, talvez com excessiva franqueza, algo que você deverá controlar para não magoar o seu filho. É muito brincalhona e costuma estar de bom humor, embora às vezes tenha alguns ataques de raiva. Com certeza, você fala mais de dois idiomas e adora viajar, algo que você vai estimular no seu filho, o que conferirá a ele muita liberdade, cultura e um senso ético e moral bastante sólido.

Você ensina naturalmente o seu filho a acreditar nos ideais dele, a formar uma ética e uma moral humanitária, a rir de si mesmo e desfrutar a vida.

O seu filho é muito metódico, organizado, precisa de horários fixos e rotinas, e não tolera bem as mudanças de planos sem analisá-las até o último detalhe. Isso a perturba um pouco, mas você saberá se adaptar a ele e ele a você. A sua alegria e o seu otimismo inatos o contagiam e o enchem de segurança e confiança. Vocês terão certos atritos porque não esconderão nada um do outro.

Combinação Fogo/Terra:

Não é uma combinação compatível, apesar da admiração mútua. Para que ela funcione, você deve dar muitas explicações ao seu filho do elemento Terra porque, acima de tudo, ele requer um senso prático em todas as coisas. Não suportará as imposições se você não apresentar bons argumentos para defendê-las.

Se você é de Capricórnio

Você é exigente com o seu filho, mas também é muito carinhosa; obstinada, porém terna. Parece que não descansa nunca; você se levanta bem cedo e vai dormir tarde, para que nada falte a ele em nenhum momento. Você é um porto seguro para o seu filho, é muito responsável e habitualmente parece preocupada com tudo.

Espera muito do seu filho, já que você mesma é bem-sucedida e brilhante, planejadora e muito detalhista. Não costuma tolerar fraquezas e nem a desobediência. Além disso, você tem paciência e astúcia para conseguir o que quer. Você costuma desconfiar muito das companhias do seu filho.

Você ensina naturalmente ao seu filho como se defender e também a arte da paciência, da autodisciplina e, principalmente, que ele precisa unir a obrigação com o bom humor.

O seu filho virginiano é um encanto: sensato, prático, organizado e metódico, e você ficará louca por ele. Seu filho não lhe dará muito trabalho porque costuma impor algumas normas a si mesmo e segue certas rotinas sem contestar, pois, na verdade, tem necessidade delas. Ele também requer segurança por meio de afeto e demonstrações de carinho, mas vocês não são pródigos em falar de sentimentos.

Combinação Terra/Terra:

Compartilhar o mesmo elemento sempre é uma coisa favorável, e mais ainda no caso de um signo de Terra, de onde reinarão a estabilidade, o amor, a devoção e um ambiente harmonioso. Ambos podem ser teimosos, mas sabem ceder de vez em quando e conhecem bem os próprios limites.

Se você é de Aquário

Você é amável e brincalhona, carinhosa e amigável, mas, embora pareça muito livre e tolerante, no fundo, você é bastante rígida; sempre quer saber o que se passa na cabeça do seu filho. Ele pode falar a respeito de tudo com você sem reservas, e você sempre está disponível para brincar. Você não é excessivamente protetora nem dominadora, mas está sempre atenta para que não falte nada ao seu filho, sem se estressar. Você é compreensiva e costuma ver o lado bom de todas as coisas, inclusive de uma travessura. Dará ao seu filho valores culturais, éticos, artísticos e, acima de tudo, humanos e humorísticos.

Você passa naturalmente ao seu filho valores como a amizade, a justiça social e a liberdade, desenvolve a criatividade inata dele e o ensina a ser independente.

O seu adorável filho virginiano é amante de regras, rotinas e horários, e você saberá se adaptar a ele, por mais que isso lhe custe. Além disso, você verá que, se não lhe impuser algumas rotinas, o seu filho ficará inquieto e agitado. Não hesite em escutá-lo atentamente e não lhe imponha nada que ele não queira. Ele não costuma demonstrar muito seus sentimentos, mas embora não peça afeto, precisa muito dele.

Combinação Ar/Terra:

O elemento Ar pode ter dificuldade para compreender o caráter extremamente responsável da criança de Terra, já que ela pode parecer muito adulta para a idade que tem. A mãe do signo de Ar saberá estimular o filho de Terra para que ele veja o mundo a partir de diversos ângulos e não se feche em si mesmo.

Se você é de Peixes

Você é muito generosa e dedicada ao seu filho, pouco disciplinadora e bastante carinhosa e compreensiva. Você se entrega completamente ao seu filho, mas deixa que ele faça o que tem vontade; você não o monopoliza e nem costuma reprimi-lo. Você tem uma imaginação poderosa e certamente se dedica a uma atividade artística, por isso costuma incentivar a criatividade do seu filho. Você não costuma discutir porque acha isso detestável. No entanto você passa rapidamente da alegria à apatia, o que o seu filho, às vezes, não consegue entender. Você estimulará nele a sensibilidade, o senso crítico e humano e a capacidade de sonhar.

Você ensina naturalmente o seu filho a ser sensível, a usar sem medo a intuição, e estimula a criatividade e os dons artísticos dele.

O seu filho virginiano precisa, acima de tudo, seguir uma rotina e alguns horários. Se você se programar bem, não terá nenhuma dificuldade em proporcionar a ele a segurança e a estabilidade de que ele tanto necessita para se concentrar. Caso contrário, ele ficará nervoso, inquieto e propenso a ter faniquitos e dores imaginárias. As suas grandes demonstrações de amor conseguirão muito mais do que você possa imaginar.

Combinação Água/Terra:

Os elementos Água e Terra se complementam de forma ideal. A mãe do signo de Água é carinhosa, atenta e afetuosa com o filho, e também impõe certa disciplina que a criança de Terra costuma acatar. Mas esta precisa ter as próprias ideias, o que certamente ela demonstrará.

Como é o seu filho virginiano de acordo com o horóscopo chinês

♍

A astrologia chinesa leva em conta a Lua para elaborar o horóscopo (e não o Sol, como é o caso do horóscopo ocidental). Em vez de dividir o ano entre doze signos, os chineses usam um signo para cada ano. Em outras palavras, cada ano é regido por um animal que influencia fortemente o nosso caráter e o nosso destino. O ano chinês começa na primeira Lua Nova do ano (quando a Lua não aparece no céu).

Além de um animal, cada pessoa tem um elemento que lhe é associado. Os elementos são em número de cinco: Madeira, Fogo, Terra, Metal e Água. O Metal é poderoso e confere firmeza de caráter e força de vontade. A Água é sensível e outorga a desenvoltura da palavra. A Madeira proporciona criatividade e realismo. O Fogo confere dinamismo e impulso. E a Terra proporciona um caráter estável e prático.

Se o seu virginiano é de Rato...

A criança nascida sob o signo do Rato tem um encanto natural, é esperta, inquieta, muito vivaz, dinâmica, ardilosa e bastante inteligente. Tem inclinação para as artes, a literatura e os esportes. Normalmente é tranquila e alegre, mas se irrita com muita facilidade e fica zangada quando não consegue o que quer, embora, por sorte, os chiliques logo passem.

À medida que você a vir crescer, notará também que ela irá adquirir certa capacidade de liderança e autoridade em um grupo. Na verdade, ela faz amigos com facilidade. Tem o poder de convicção e gosta de desafios; além disso, sabe escapar dos problemas com enorme facilidade.

Ela é comunicativa por natureza, grande oradora, às vezes tem a língua afiada. Costuma conseguir o que deseja graças ao seu dom da palavra. É afetuosa e passional e tem uma grande capacidade de aprendizagem e ânsia de saber. A sua mente é hiperativa.

É uma crítica genial e mordaz, mas tem muitas manias. Essa criança é dominada pela impaciência e é difícil para ela se adaptar ao ritmo lento dos demais por causa de sua grande rapidez nos reflexos físicos e mentais.

- ASPECTOS POSITIVOS: é alegre, amável, vivaz e generosa.
- ASPECTOS NEGATIVOS: é fofoqueira e hiperativa.
- COMPATIBILIDADE: o Rato é compatível com o Boi, o Dragão e o Macaco, e nem tanto com a Cabra e o Javali.

> **O seu filho é de Rato se nasceu ou vai nascer nas seguintes datas:**
>
> ▹ De 19 de fevereiro de 1996 a 6 de fevereiro de 1997: Rato de Fogo.
>
> ▹ De 7 de fevereiro de 2008 a 25 de janeiro de 2009: Rato de Terra.
>
> ▹ De 24 de janeiro de 2020 a 10 de fevereiro de 2021: Rato de Metal.

Se o seu virginiano é de Boi...

A criança nascida sob o signo do Boi é sociável, tranquila, dócil, carinhosa e paciente, e também um pouco tímida com pessoas que não conhece bem. No entanto, uma vez que adquire confiança, ela logo fica à vontade, e como!

A sua natureza é despreocupada e, embora seja cumpridora dos seus deveres, no fundo é bastante comodista. Ela ama a boa vida e, apesar do seu caráter aprazível, costuma ter explosões de raiva (ou permanecer firme em sua opinião) quando não gosta de alguma coisa. Acima de tudo, precisa que a deixem tranquila para que possa fazer as coisas do seu jeito sem que a incomodem.

Você ficará surpresa com o seu espírito independente, firme e determinado. Ela gosta de mandar, mas é amável no tratamento às pessoas. Sabe se distrair sozinha e é bastante segura de si mesma. Além disso, é uma criança muito criativa, que aceitará de bom grado ou pedirá jogos de construção, de maquetes ou que envolvam a arte e a música. Enfim, tudo aquilo que possa enriquecer os seus cinco sentidos!

Ela gosta de bater papo, porém não é amiga de discussões ou polêmicas, as quais ouve, mas prefere guardar silêncio em relação a elas. Não tolera bem o estresse ou as mudanças bruscas.

- ASPECTOS POSITIVOS: é amável, confiável e sensata.
- ASPECTOS NEGATIVOS: é teimosa e obstinada.
- COMPATIBILIDADE: se dá muito bem com o Rato, a Serpente e o Galo, e nem tanto com o Dragão, o Cavalo, a Cabra e o Coelho.

> **O seu filho é de Boi se nasceu ou vai nascer nas seguintes datas:**
>
> ▷ De 7 de fevereiro de 1997 a 28 de janeiro de 1998: Boi de Fogo.
>
> ▷ De 26 de janeiro de 2009 a 13 de fevereiro de 2010: Boi de Terra.
>
> ▷ De 11 de fevereiro de 2021 a 31 de janeiro de 2022: Boi de Metal.

Se o seu virginiano é de Tigre...

A criança nascida sob o signo do Tigre é muito ativa, direta e franca, batalhadora, aventureira, pouco amante da disciplina e da ordem, e não tolera injustiças (na sua concepção particular do bem e do mal). No entanto, por outro lado, é divertida, alegre, carinhosa, brincalhona, curiosa e passional.

Adora os desafios e os jogos de competição, e não gosta de perder. É incansável e precisa de liberdade de ação para explorar ou levar a cabo a ideia seguinte que lhe surja na cabeça (caso contrário, reclamará).

É rebelde e um pouco irritável porque se estressa com facilidade. Quando alguma coisa a contraria, ela se torna muito agressiva e fica na defensiva, sendo capaz de dar chiliques terríveis. Não tolera bem as ordens, mas gosta de dá-las.

Essa criança sabe se fazer respeitar devido ao seu magnetismo e seu ar de nobreza, além de ter uma grande capacidade de fazer amigos. É participativa e comunicativa, embora seja muito direta – ela vai diretamente ao ponto e diz tudo o que pensa. É teimosa, mas nem um pouco rancorosa.

- Aspectos positivos: é valente, leal, inteligente e persistente.
- Aspectos negativos: tende a não respeitar as normas, é orgulhosa.
- Compatibilidade: o Tigre se dá bem com o Cão, o Cavalo e o Javali. Tem algumas dificuldades com a Cabra e o Macaco.

> **O seu filho é de Tigre se nasceu ou vai nascer nas seguintes datas:**
>
> ▹ De 29 de janeiro de 1998 a 15 de fevereiro de 1999: Tigre de Terra.
>
> ▹ De 14 de fevereiro de 2010 a 2 de fevereiro de 2011: Tigre de Metal.
>
> ▹ De 10 de fevereiro de 2022 a 20 de janeiro de 2023: Tigre de Água.

Se o seu virginiano é de Coelho...

A criança nascida sob o signo do Coelho é um poço de paz, busca sempre a harmonia (até que, com certeza, explode, e da pior maneira possível). Ela não gosta de surpresas nem de corre-corres, já que a tensão a deixa nervosa e ela pode se distanciar da realidade, submergindo no seu mundo à espera de que as coisas se resolvam sozinhas. É uma criança sociável, com talento artístico, muito fantasiosa. Adora entreter a família e os amigos.

Desde bebê, a criança de Coelho pode chorar muito e ser bastante apegada à mãe. Ela precisa e pede, aos gritos, a estabilidade e um ambiente harmonioso, assim como algumas rotinas. É uma criança extremamente sensível e carinhosa, muito tranquila, feliz e falante. Ao mesmo tempo hábil, sagaz e presunçosa, ela sabe se impor, embora seja de natureza prudente e tenha dificuldade em tomar decisões.

Ela se preocupa muito com as outras pessoas, é compreensiva e muito boa conselheira; sempre estará disposta a ajudar e escutar. Ela é como uma pequena ONG ambulante, muito bondosa, e você precisa ensiná-la a não ser ingênua.

Ela é muito autocrítica e tem dificuldade em aceitar os erros, tanto os próprios quanto os dos outros.

- ASPECTOS POSITIVOS: é divertida, carinhosa, brilhante e confiável.
- ASPECTOS NEGATIVOS: é crítica e rancorosa.
- COMPATIBILIDADE: o Coelho se dá bem com a Cabra, a Serpente e o Javali. Ele tem certa dificuldade para se relacionar com o Rato e o Galo.

> **O seu filho é de Coelho se nasceu ou vai nascer nas seguintes datas:**
>
> ▹ De 16 de fevereiro de 1999 a 5 de fevereiro de 2000: Coelho de Terra.
>
> ▹ De 3 de fevereiro de 2011 a 22 de janeiro de 2012: Coelho de Metal.
>
> ▹ De 21 de janeiro de 2023 a 8 de fevereiro de 2024: Coelho de Água.

Se o seu virginiano é de Dragão...

A criança nascida sob o signo do Dragão é muito vivaz, impetuosa, inteligente e tem uma personalidade forte desde pequena, além de ser muito orgulhosa. Ela possui uma grande capacidade de liderança, bem como dons artísticos. De um modo geral, sabe conseguir o que quer graças às suas grandes habilidades sociais e porque é divertida, criativa e surpreendente.

A sua grande imaginação a leva, às vezes, a querer ficar sozinha para poder sonhar acordada. Não raro, ela dará a impressão de ter vindo de outro planeta. Ela própria costuma se sentir diferente das outras crianças.

Não suporta bem as rotinas, é uma criança escandalosa e inquieta, que poderia muito bem ser o rebelde da escola, embora, devido à sua grande ingenuidade, acabe sempre sendo perdoada, já que nunca age de má-fé. Ela é direta e segue em frente com a verdade, embora queira ter sempre razão. Apesar da sua natureza independente (praticamente desde o berço), ela se adapta a todos os tipos de ambiente e tende a se mostrar exatamente como é.

- ASPECTOS POSITIVOS: é íntegra, enérgica, resistente, leal e protetora.
- ASPECTOS NEGATIVOS: adora chamar a atenção de qualquer jeito.
- COMPATIBILIDADE: o Dragão se dá bem com a Serpente, o Macaco e o Galo. No entanto, tem dificuldades em se relacionar com o Javali e o Cão.

> **O seu filho é de Dragão se nasceu ou vai nascer nas seguintes datas:**
> - De 6 de fevereiro de 2000 a 24 de janeiro de 2001: Dragão de Metal.
> - De 23 de janeiro de 2012 a 9 de fevereiro de 2013: Dragão de Água.
> - De 9 de fevereiro de 2024 a 28 de janeiro de 2025: Dragão de Madeira.

Se o seu virginiano é de Serpente...

A criança nascida sob o signo da Serpente é sensível, sedutora, intuitiva, muito vivaz e parece ter uma sabedoria inata. De fato, ela sempre pergunta os porquês de tudo e adora investigar e analisar todas as coisas, com bastante empenho. A sua curiosidade não tem limites, e ela possui um humor mordaz. Com poucas palavras, ela diz tudo.

Ela quer fazer as coisas do jeito dela, e por isso costuma escolher cuidadosamente os amigos. Só se cercará daqueles que realmente valham a pena. É um pouco desconfiada, porém muito astuciosa, tendo uma espécie de sexto sentido bastante desenvolvido.

Ela parece tranquila por fora, mas é muito agitada por dentro. Não gosta de sobressaltos, embora se adapte às mudanças, depois do faniquito habitual. É amante da ordem e exigente.

É um pouco rancorosa e pode ter um ataque de raiva com a pessoa que lhe cause um mínimo transtorno. Se não gosta de alguma coisa, não se deixará convencer de jeito nenhum, e se você insistir, ela explodirá violentamente. Ela tem muita força de vontade com relação àquilo que deseja.

- ASPECTOS POSITIVOS: é esperta e tem ideias claras, é autoconfiante e persistente.
- ASPECTOS NEGATIVOS: não suporta falhar, é ciumenta.
- COMPATIBILIDADE: a Serpente se dá às mil maravilhas com o Coelho, o Galo e o Dragão. Não chega a se entender bem com o Cão e o Tigre.

O seu filho é de Serpente se nasceu ou vai nascer nas seguintes datas:

- De 25 de janeiro de 2001 a 11 de fevereiro de 2002: Serpente de Metal.
- De 10 de fevereiro de 2013 a 20 de janeiro de 2014: Serpente de Água.
- De 29 de janeiro de 2025 a 16 de fevereiro de 2026: Serpente de Madeira.

Se o seu virginiano é de Cavalo...

A criança nascida sob o signo do Cavalo é muito tagarela desde bebê. É aberta, brincalhona, e precisa ter um grupo de amigos e permanecer ativa o tempo todo. Ela é sincera, independente e espontânea, sabe se impor e costuma alcançar todos os seus propósitos, embora se distraia com facilidade. Quando algo a contraria, ela tem uns chiliques espetaculares. Quando perde a cabeça, ela se transforma em uma pessoa com pouca tendência a refletir; se mostra impetuosa e faz de tudo para conseguir o que deseja, embora sem nenhuma má intenção.

Ela luta pelo que quer e combate o que considera injusto, de modo que batalhas de todos os tipos estão garantidas. Ela adora estar envolvida em qualquer assunto e também gosta de oferecer a sua colaboração e atuar como mediadora em discussões alheias.

Além disso, ela gosta de se fazer notar, e o seu caráter agradável e a sua grande simpatia a tornam bastante popular. A sua facilidade com as palavras é extraordinária, mas não tem a mesma facilidade com relação à capacidade de escutar, pois costuma perder a paciência.

- Aspectos positivos: é popular, alegre, inventiva, tem reflexos rápidos.
- Aspectos negativos: é impetuosa e impaciente.
- Compatibilidade: o Cavalo se dá bem com o Tigre, a Cabra e o Cão. No entanto, tem menos afinidade com o Javali e o Boi.

O seu filho é de Cavalo se nasceu ou vai nascer nas seguintes datas:

› De 27 de janeiro de 1990 a 14 de fevereiro de 1991: Cavalo de Metal.

› De 12 de fevereiro de 2002 a 31 de janeiro de 2003: Cavalo de Água.

› De 31 de janeiro de 2014 a 18 de fevereiro de 2015: Cavalo de Madeira.

Se o seu virginiano é de Cabra...

A criança nascida sob o signo da Cabra é tranquila, tolerante, carinhosa, criativa e tem certo ar fantasioso, graças à sua grande imaginação. Na realidade, ela possui um talento artístico extraordinário, bem como uma grande vontade de ajudar e ser útil. É uma criança hipersensível, que chora e se queixa por qualquer coisa, certamente preocupada com assuntos que não têm a menor importância para você.

Ela tem certo ar independente, não lhe incomoda ficar sozinha porque sabe se entreter perfeitamente. Não tolera bem os tumultos nem a pressão, e, sendo este o caso, ela sempre foge ou arma um circo. Ela pode ter dificuldade para se expressar e talvez exploda no momento menos esperado por ter aguentado demais.

Tem uma grande capacidade de compreensão, e por esse motivo costuma estar rodeada de muitos amigos, apesar de ser normalmente tímida a princípio. Ela precisa de contínuas demonstrações de carinho, porque só assim consegue se abrir. Não tolera bem as rotinas, a pressão ou as críticas, e também não gosta de conflitos; prefere a resistência passiva e os silêncios inquietantes.

- ASPECTOS POSITIVOS: é generosa, amável e discreta.
- ASPECTOS NEGATIVOS: é mandona e indecisa.
- COMPATIBILIDADE: a Cabra costuma se relacionar bem com o Coelho, o Cavalo e o Javali, mas tem dificuldade para se entender com o Rato, o Boi e o Cão.

> **O seu filho é de Cabra se nasceu ou vai nascer nas seguintes datas:**
>
> ▹ De 15 de fevereiro de 1991 a 3 de fevereiro de 1992: Cabra de Metal.
>
> ▹ De 10 de fevereiro de 2003 a 20 de janeiro de 2004: Cabra de Água.
>
> ▹ De 19 de fevereiro de 2015 a 7 de janeiro de 2016: Cabra de Madeira.

Se o seu virginiano é de Macaco...

A criança nascida sob o signo do Macaco é sociável, compreensiva, curiosa, ágil, criativa e sabe conseguir o que deseja. É uma grande pensadora, amante da boa vida, independente, tem muita imaginação e um eterno senso de humor.

Tem facilidade para convencer as outras pessoas e também para resolver problemas graças ao seu talento e à sua habilidade para captar detalhes que os outros não percebem.

Sempre estenderá a mão a todos os que lhe parecerem precisar de ajuda, embora possa se meter onde não é chamada. Com frequência, não consegue parar quieta, e a curiosidade pode lhe causar vários inconvenientes. Ela capta e processa informações com extrema velocidade.

O seu ar inquieto, encantador e divertido faz com que ela conquiste as pessoas e as atraia para o seu terreno. É muito insolente e brincalhona; adapta-se sem dificuldade a qualquer ambiente; é camaleônica e um pouco atriz. Adora pregar peças e fazer travessuras, e quanto mais você a repreende, mais traquinices ela inventa.

- **Aspectos positivos:** tem reflexos rápidos, é divertida, criativa, tem grande capacidade de memória.
- **Aspectos negativos:** tende a fazer fofocas, sofre de falta de concentração.
- **Compatibilidade:** o Macaco se dá bem com o Boi, o Coelho e a Serpente. Tem problemas de comunicação com o Tigre e o Galo.

O seu filho é de Macaco se nasceu ou vai nascer nas seguintes datas:

- De 4 de fevereiro de 1992 a 22 de janeiro de 1993: Macaco de Água.
- De 21 de janeiro de 2004 a 7 de fevereiro de 2005: Macaco de Madeira.
- De 8 de fevereiro de 2016 a 27 de janeiro de 2017: Macaco de Fogo.

Se o seu virginiano é de Galo...

A criança nascida sob o signo do Galo tem um encanto natural, um excelente senso de humor, é comunicativa, alegre e muito expressiva. Ela gosta de ser vista. É um tanto orgulhosa e tem dificuldade em ceder, mas é fácil lidar com ela. Ela adora compartilhar tudo e sabe conquistar a simpatia das pessoas, embora às vezes se comporte de uma maneira brusca com quem não concorda com as suas ideias.

É tranquila, sensata, alerta e curiosa, embora também seja muito sonhadora. Acima de tudo, ela ama a boa vida, mas ao mesmo é muito esforçada. Adora aprender coisas novas, mas, se estas não atraem o seu interesse, ela fica extremamente entediada ou se rebela diante delas. Ela pode se dispersar ou falar demais, ser muito direta e perder a diplomacia.

Ela interage com facilidade com as outras crianças e é muito complacente com todo mundo em geral porque é amável, sincera e escrupulosa. Tem grande capacidade de concentração e às vezes parece que analisa as pessoas através de raios X.

Não gosta de encrencas e prefere seguir as normas. Sabe analisar e resolver todo tipo de problema graças ao seu espírito prático e lógico.

- ASPECTOS POSITIVOS: é atenta, tem ideias profundas e comunica-se bem.
- ASPECTOS NEGATIVOS: é desconfiada e egoísta.
- COMPATIBILIDADE: o Galo se relaciona bem com o Tigre, o Dragão e a Cabra. No entanto, não se dá tão bem com a Serpente, o Coelho e o Cão.

O seu filho é de Galo se nasceu ou vai nascer nas seguintes datas:

› De 23 de janeiro de 1993 a 9 de fevereiro de 1994: Galo de Água.

› De 8 de fevereiro de 2005 a 28 de janeiro de 2006: Galo de Madeira.

› De 28 de janeiro de 2017 a 14 de fevereiro de 2018: Galo de Fogo.

Se o seu virginiano é de Cão...

A criança nascida sob o signo do Cão é muito sociável, intuitiva, inquieta, vaidosa, sabe dialogar e se mostrar coerente desde bem pequena. Sabe saltar em defesa de situações que considera injustas. Gosta que todo mundo se sinta bem e adora fazer brincadeiras.

Gosta de agradar os outros e entretê-los. Mesmo assim, o seu caráter não é fácil. É despreocupada, porém muito teimosa; quando coloca uma coisa na cabeça, faz o impossível (e inimaginável) para conseguir o que quer. Costuma ter acessos de raiva muito fortes por causa da sua teimosia, mas é uma criança que escuta a razão e a lógica.

Ela é muito instintiva e é uma boa organizadora. Tem o espírito altruísta e generoso, está sempre disposta a estender a mão para defender os amigos, os quais são muito importantes para ela. É confiável e sabe o que quer, embora às vezes se preocupe com assuntos sem importância. Não sabe mentir e tampouco faz uso de rodeios.

É muito criativa e consegue se entreter horas a fio, sabendo inclusive inventar as próprias brincadeiras.

- ASPECTOS POSITIVOS: é leal, aprende com rapidez e tem muita iniciativa.
- ASPECTOS NEGATIVOS: é intransigente e obstinada.
- COMPATIBILIDADE: o Cão se dá bem com o Cavalo, o Boi e o Macaco. Entretanto, não consegue se relacionar bem com o Dragão e a Cabra.

> **O seu filho é de Cão se nasceu ou se vai nascer nas seguintes datas:**
> - De 10 de fevereiro de 1994 a 30 de janeiro de 1995: Cão de Madeira.
> - De 29 de janeiro de 2006 a 16 de fevereiro de 2007: Cão de Fogo.
> - De 15 de fevereiro de 2018 a 3 de janeiro de 2019: Cão de Terra.

Se o seu virginiano é de Javali...

A criança nascida sob o signo do Javali é sincera e bondosa e tem muito senso de humor. Ela pega as coisas no ar, embora você tenha a impressão, em um primeiro momento, de estar falando com uma parede. Ela precisa brincar o tempo todo, é caseira e não gosta muito de multidões.

Ela não tem dificuldade para se socializar; é apenas um pouco tímida no início, mas se dá bem com todo mundo e sempre estende a mão à primeira pessoa triste que encontra. Por isso mesmo, por ela confiar muito nas pessoas, é preciso ensinar-lhe que nem todo mundo tem boas intenções.

É apaixonada por música e boa comida. Pode comer sem parar, portanto é preciso impor alguns limites quanto a isso.

Ela é bastante indecisa e ingênua, mas avança sempre com a verdade. Tem dificuldade para mudar e reflete demais sobre as coisas, com frequência perdendo oportunidades. É respeitosa e pacífica, não gosta de brigas e tende a evitar as confrontações. Não tolera bem as discussões e sempre procura fazer com que todo mundo se reconcilie. Além do mais, ela sabe como conseguir isso. Na verdade, ela sempre costuma conseguir o que quer.

- ASPECTOS POSITIVOS: é inteligente, sincera, corajosa, popular e amável.
- ASPECTOS NEGATIVOS: é desligada e obstinada.
- COMPATIBILIDADE: o Javali se dá bem com a Cabra, o Coelho e o Cão. Tem pouca afinidade com a Serpente e o Rato.

> **O seu filho é de Javali se nasceu ou vai nascer nas seguintes datas:**
>
> ▷ De 31 de janeiro de 1995 a 18 de fevereiro de 1996: Javali de Madeira.
>
> ▷ De 17 de fevereiro de 2007 a 6 de fevereiro de 2008: Javali de Fogo.
>
> ▷ De 4 de janeiro de 2019 a 23 de janeiro de 2020: Javali de Terra.

Impressão e Acabamento:
Vallilo Gráfica e Editora
graficavallilo.com.br | 11 3208-5284